Arno Schlader
Der Hofstaat und andere Unzulänglichkeiten

»Può dire, que la maschera è nata
con l'uomo, da lui, dal suo
modo di essere, di pensare.«

(Man könnte sagen, die Maske wurde
mit dem Menschen geboren,
nach seinem Ebenbild, seiner Art und Weise
des Seins und des Denkens.)

(Gianfrancesco Malipiero, 1969)

Arno Schlader

Der Hofstaat

und andere Unzulänglichkeiten

Mit Texten von

Otmar Alt

Iris Nestler

Wolfgang Spelthahn

Frank Günter Zehnder

Impressum

Dieses Buch erscheint zur Ausstellung
Arnold Schlader
Der Hofstaat und andere Unzulänglichkeiten
13. bis 27. Mai 2003 im Kreishaus Düren

Hrsg.: Iris Nestler

Autoren: Otmar Alt
Dr. Iris Nestler (Deutsches Glasmalerei-Museum, Linnich)
Wolfgang Spelthahn (Landrat des Kreises Düren)
Prof. Dr. Frank Günter Zehnder (Rheinisches Landesmuseum Bonn)

Konzeption und Gestaltung:
Reiner Meyer
Iris Nestler
Arnold Schlader

Sponsoren: Otmar Alt
Kultur- und Naturstiftung der Sparkasse Düren

Fotografie: Leo Herzmann

Elemente in Gold und Silber:
Anja Schlader (Goldschmiedemeisterin)

Copyright: Arnold Schlader
Goswin-de-Nickel-Str. 2
52428 Jülich-Koslar

ISBN 3-9806045-5-1

Für das Zustandekommen dieses Buches möchte ich (Arnold Schlader) mich ganz herzlich bedanken bei Otmar Alt, der Kultur- und Naturstiftung der Sparkasse Düren, Reiner Meyer, Dr. Iris Nestler, Peter Ollig, Leo Herzmann, Wolfgang Spelthahn, Prof. Dr. Frank G. Zehnder und meiner Familie.

Inhalt

Impressum	4
Ein kleines Grußwort für meinen Freund Arno Schlader, den Napoleon und Keramik-Meister von Koslar Otmar Alt	6
Grußwort Wolfgang Spelthahn	7
Ganz nahe am Leben. Zur keramischen Kunst von Arno Schlader Frank Günter Zehnder	9
Der Ausstellungsmacher, Sammler und Kunstpädagoge Arnold Schlader Iris Nestler	13
Die Keramiken	17
»Alles in bester Ordnung« Iris Nestler	24
Biografie	73
Ausstellungsverzeichnis	74
Literatur	74

Ein kleines Grußwort für meinen Freund Arno Schlader, den Napoleon und Keramik-Meister von Koslar

Ich erinnere mich noch gerne an unser erstes Treffen – ein verregneter Sonntagmorgen im April 1997, an dem ich mit Jazzmusik in Koslar begrüßt wurde.

Nach dieser nassen Begrüßung entwickelte sich ein reizvolles Kennenlernen, ein behutsames Aufeinanderzugehen und Abtasten, ein Vor und Zurück zwischen Nähe und Distanz, aus dem sich eine kreative Zusammenarbeit zwischen mir und dem Meister des Materials Ton entwickelt hat. Heute frage ich mich oft: wer hatte mehr Glück? Arno, der Sammler, oder ich?

Schnell lernte ich die aufrichtige Herzlichkeit und Wärme der Familie Schlader schätzen, die Originalität des Familienoberhauptes Arno und seine handwerkliche Meisterschaft begeisterte mich. Die Möglichkeiten der Gestaltung, das Erarbeiten von Entwürfen und dann die Aussicht, wieder mit Arno in seiner Brennstube zu arbeiten, ließen in den letzten Jahren immer wieder Hochstimmungen aufkommen. Denn jede Begegnung endete nach harter, intensiver Arbeit in einem versöhnlichen Abend bei opulenten Essgelagen, versüßt mit einem Schluck Wein und der Freude über die geleistete Arbeit.

Aber es wäre nicht richtig, Arno Schladers Arbeit auf die Zusammenarbeit mit mir zu beschränken. In seiner kleinen, aber um so beeindruckenderen Werkstatt mit dem Arbeitsplatz an der Drehscheibe erweckt er immer wieder in seiner unnachahmlichen Handschrift neue Figuren voller Kraft und Poesie zum Leben. Es ist der Ehrgeiz (das Napoleonische), es ist die Leidenschaft für „sein" Material (Ton) und die Glasur (das Geheimnis), die sich in seinen sowohl figurativen als auch abstrakten Figuren als ganz persönlicher und unverwechselbarer Stil manifestieren: es ist kein Kunststil – es ist eine Wesensart, die hier zum Ausdruck kommt.

Doch mein größter Respekt gilt seinen beiden Leidenschaften, die er in vorbildlicher Weise lebt: seine Liebe zur Familie und zu seinen Schülern.

Lieber Arno, herzlichen Glückwunsch zu Deiner Ausstellung! Ich bin sehr stolz und froh, Dein Freund und Begleiter in vielen Lebensbereichen zu sein und ich kann nur hoffen, dass noch viele gemeinsame Aktivitäten folgen werden.

Otmar Alt

Grußwort

Sie halten einen ansprechenden Katalog in Händen, der eine Menge von Informationen rund um die Ausstellung „Der Hofstaat und andere Unzulänglichkeiten" von einem herausragenden Künstler unserer Region, Arnold Schlader aus Jülich-Koslar, bereithält.

Es freut mich ganz besonders, dass seine Ausstellung in dieser Form erstmals im Kreishaus in Düren zu sehen ist. Arnold Schlader hat in der Kreisverwaltung bereits einige „bleibende Spuren" hinterlassen.

Schon beim Betreten des Kreishauses treffen die Besucherinnen und Besucher auf zwei freundliche und repräsentative Kunstwerke. Es handelt sich dabei um attraktive Skulpturen, einen Menschen und eine Katze, die als Geschenk zum 30-jährigen Bestehen des Kreises im vergangenen Jahr unter der künstlerischen Gesamtleitung von Otmar Alt entstanden sind und an denen Arnold Schlader maßgeblich mitgewirkt hat. Ferner haben die von ihm, seinen Schülerinnen und Schülern der Hauptschule Linnich und Otmar Alt geschaffenen Glasbilder „Lisas fantastische Reisen zu den Kindern dieser Welt" hier einen dauerhaften Platz gefunden.

Die nun geschaffenen Skulpturen und Plastiken belegen wiederum die künstlerische Vielfalt sowie das handwerkliche Können Arnold Schladers. Persönlich kennengelernt haben wir uns im Koslarer „de Nickel-Schuppen"; hier hatte ich in seiner Keramikwerkstatt schon mehrfach die Gelegenheit, ihm bei seiner Arbeit über die Schulter zu blicken oder mich gar selbst zu betätigen.

Insbesondere aufgrund der genannten Aktivitäten für den Kreis Düren hat sich zwischen uns eine herzliche Freundschaft entwickelt, auf die ich sehr stolz bin.

Dir, lieber Arno, spreche ich meine Anerkennung für all' Dein künstlerisches Engagement aus und wünsche der Ausstellung „Der Hofstaat und andere Unzulänglichkeiten" viel Erfolg.

Sicher entlocken Deine Werke, wie so oft, dem Betrachter hier und da ein Schmunzeln und gewiss dokumentieren sie wiederum, dass Kunst durchaus auch humorvoll sein kann.

Düren, im Februar 2003

Wolfgang Spelthahn (Landrat des Kreises Düren)

Arno Schlader (links) und Otmar Alt

Ganz nahe am Leben
Zur keramischen Kunst von Arno Schlader

Die Figurenwelt von Arno Schlader ist – als Ganzes gesehen – eine skurile Versammlung. Da tauchen Typen auf mit kurzen Körpern und langen Köpfen, mit Knollennasen und komischen Gesten, mit merkwürdigen Attributen und auffälligem Gehabe. Da haben Gesichter manchmal etwas mit Schweinsköpfen zu tun, andere ähneln Esel oder Igel, Rabe oder Kröte. Überhaupt stößt man auf viele anthropomorphe Wesen, deren Aussehen tierisch und deren Handeln menschlich zu sein scheint. So fremd die Wesen einem zunächst erscheinen, so gut kennt man sie schon. Denn so manchem ist man doch im Leben schon begegnet, etliche Steifheiten und Possierlichkeiten hat man im Alltag bereits gesehen. Dort fallen freilich die Geckenhaftigkeit, das Absonderliche und die Eitelkeiten nicht so auf, weil die Täuschungsmanöver durchdacht und perfekt sind. Biedersinn und Hoffahrt, Angeberei und Selbstinszenierung halten sich da mitunter die Waage, scheinen aber unverlierbare Erkennungszeichen der Gestalten Schladers zu sein. Wenn unter den Figuren des Künstlers eine Armhaltung zu gestelzt, ein Bückling zu tief oder eine Kombination zu komisch scheinen, dann sollten wir nicht davon ausgehen, dass dies eine fremde Welt ist, sondern uns prüfen, wie gut wir sie in der eigenen Lebenspraxis schon erleben und wie weit unsere Identität mit diesen merkwürdigen Normalitäten bereits gediehen ist.

Arno Schlader betrachtet nämlich das normale Leben, betrachtet Jedermann und Unsereinen, entlarvt die Maskeraden des Alltags, indem er sie zeigt – und es auf liebenswürdige, freundliche Weise tut. Bei aller Individualität bleiben seine Gestalten anonym und gewinnen eben dadurch ihre Allgemeingültigkeit. Die Figuren und Gruppen verraten unverhohlen, dass ihrem Schöpfer der Schalk im Nacken sitzt, dass er gut beobachten und treffend in Ton formulieren kann. Arno Schlader, in dem zugleich eine technische und eine plastische Begabung steckt, besitzt eine hohe Beobachtungs- und Formulierungsgabe. Ohne Boshaftigkeit und Sarkasmus geht er ans Werk und fängt das ein, was wir uns tagaus tagein an allzu Menschlichem erlauben. Seine satirische Formensprache spiegelt unsere Welt auf unterhaltsame und feinsinnige Weise. Seine Begeisterung für Grandville und A. Paul Weber, für Paul Flora und Walter Hanel ist spürbar und nachvollziehbar, aber ihre Arbeiten sind stets nur Anregung und nicht

Vorbilder. Dafür ist seine Handschrift einfach zu selbständig und souverän.

Wie lebensnah und doch künstlerisch formuliert sind jene Szenen mit dem „offenen Ohr", das wir immer wieder leihen oder finden. Das Ganze ist eine köstliche Metapher für Gerücht und Intrige, für Klatsch und Tratsch. Kennen oder spielen wir nicht selber mitunter jenen „Lackaffen", der vor Posen und Eitelkeit strotzt? Man bemerkt auf Schladers figurenreicher Lebensbühne all die menschlichen Finessen, Holprigkeiten und Maskeraden, die wir uns im Leben zulegen. Wie versöhnt schaut jener „Eckard" aus, wenn ihm ein kurzbeiniges Engelchen wie eine Muse ins Ohr flüstert, wie vertraut lehnen sich Oma und Opa als „spätes Glück" in ihrem Sessel zurück, wie bühnenreif posieren die „drei Hexen" vor- und miteinander. Wie „beflügelt" der Bücherstapel den Leser zum Engel, wie dirigentenhaft trägt „der Narr" seine Lebensweisheiten vor, wie ähneln die köstlich aufgemachte „Rabenmutter" und der „Rabenvater" Vogelscheuchen und wie begeistert wittert der „Rohköstler" einen Schweinskopf. Wie erwartungsvoll schaut der kugelförmige Mann mit dem Blumenstrauss aus, wie formvollendet begegnen sich Frau und Mann beim „Tanztee". Ganz ungewöhnliche Formulierungen voller Phantasie und Assoziationskraft verlassen fortwährend die Werkstatt Arno Schladers. Ob es der „Harfenspieler" mit seinem fragilen Spinnweben-Instrument oder ob es die hochnäsige Dame mit dem „Fuchspelz" ist, stets fangen sie unverwechselbare Charaktere in einer wiedererkennbaren Stilsprache ein.

Dieser Blick auf menschliche Verhaltensweisen wird in geübten schnellen Werkprozessen realisiert. Von der Idee bis zur plastischen Gestalt, die unter seinen schnellen Fingern entsteht, ist es für Arno Schlader nur ein kurzer Schritt. Er zeichnet nicht vor, er fängt einfach an, den Ton zu bearbeiten und das Bild der Figur in seinem Kopf abzurufen. Alles entsteht im wahrsten Sinne des Wortes unter den Händen, im Kontakt mit dem weichen Material gewinnen Ideen schnell eine Form. Ein gutes Gefühl für plastisches Volumen paart sich mit der Lust an graphischen Linien. Ohne Skizzen und Modell entwickelt er in grobem rotem schamottiertem Ton, der acht Prozent Eisenoxyd enthält und später gelb brennt, aus einem gedrehten Kegel eine erkennbare geistvolle Figur. Vor allem das Drehen, das er in Düsseldorf gelernt hat, sei wichtig, sagt er immer wieder. Wegen einer Schrumpfung von dreizehn bis vierzehn Prozent beim Brennen schafft er immer durch Öffnung des Rohstoffkegels von unten einen Hohlraum. Dann vollendet er durch Drehen, Anfügen und einen gekonnten Aufbau seine im Aussehen wie in den Gebärden so typischen Figuren. Bis 600

Grad hebt er die Hitze langsam an, dann wird der Brennvorgang in einem schnellen Prozeß bis 1220 Grad gesteigert. Arno Schlader läßt bei seinen Arbeiten stets die natürliche Materialfarbe zur Wirkung kommen, setzt aber auch sehr zurückhaltende Akzente mit Blau, das bisweilen auch zu blassem Grün hin changieren kann. Das vor dem Brennen vorsichtig gestreute schöne Kobaltblau erscheint mitunter als Flecken, meist aber als ein Farbhauch und markiert damit Kleidung, Körperteile, Gegenstände oder auch Hintergründe. Im Kontext der abschließenden Quarzglasur gewinnen seine Keramiken über ihre betonte Materialität hinaus auch einen unaufdringlich ästhetischen Mattglanz. Technik und Stil, Formenrepertoire und Farbigkeit haben sich seit seinem „Urhuhn" von 1983 behauptet und zugleich gewandelt. Formen, Details und Farben wurden weiter reduziert, was einer Konzentration und Stärkung sowohl der Körperlichkeit als auch der Raumwirkung entgegenkommt. Durch die Freundschaft und die fruchtbare künstlerische Zusammenarbeit mit Otmar Alt, dessen keramische Plastiken in der Koslarer Werkstatt entstehen, ist Arno Schlader auch in ein farbkräftiges Gegenprogramm eingebunden.

Neben fabelhaften Wesen wie Schneckenelefant, Drachenvögeln, Raupenwesen, Schweineschnecke, Kampfhähnen bevölkern seit mehr als einem Jahrzehnt alle möglichen Berufsdarstellungen sein Oeuvre: so finden sich – in Erscheinung und Gestik entwaffnend eingefangen – zum Beispiel Philosoph, Anwalt, Photograph, Apotheker, Metzger, Arzt und Architekt in diesem schmunzelerregenden Panoptikum. Man bemerkt, dass im Laufe eines Jahrzehnts in dieser Reihe die Tiermaskerade zugunsten schrulliger menschlicher Gesichter zurückgedrängt wurde. Themen und Motive wie „Europa" (1997), „Später 68er" (1996), „Don Quichote und Sancho Pansa" (1995), „Bischof" (1990) belegen Schladers waches Interesse an Mythos und Literatur, an Welt und Kirche, an Geschichte und Gegenwart. Seine Gruppen wie „Junge Kirche" (2000) oder „Der Hofstaat" (2001) vermitteln mit ihren kuriosen Deklinationen der Typen einen Eindruck von seiner Phantasie, die immer für Überraschungen gut ist. Ob als freistehendes Objekt wie „Der Kirchenwagen" (1994) oder als Relief wie „Der Narrenwagen" (1995), ob als Einzelwerk wie der real beobachtete „Ausstellungsbesucher" (1998) oder als Sequenz wie die immer wieder variierten Reliefs der Tierkreiszeichen, jedes Werkstück Arno Schladers ist ein Unikat. Sie sind jeweils neu erdacht, sind ohne Matrize, Gussform oder Assistenten von ihm geformt und werden bis zur Abgabe wie liebgewordene Kinder von ihm betreut. Arno Schlader hat sichtlich Spaß an der Welt und am Leben, er lässt uns sinnlich am großen und kleinen Welttheater teilnehmen. Da er nicht mit erhobenem Moralfinger auf die menschlichen Unzulänglichkeiten zeigt, verführt er uns nicht zum überheblichen Lachen über Andere, sondern nimmt uns mit zum Schmunzeln über uns selber. Denn – Hand aufs Herz – setzt nicht jede Realsatire in Wirklichkeit bei uns an?

Frank Günter Zehnder

Der Lammfromme, 1994

Der Ausstellungsmacher, Sammler und Kunstpädagoge Arnold Schlader

„Ach, weißt Du, Iris, ich mach' das alles, weil's mir solchen Spaß macht. Ob das der Nachwelt überliefert wird, interessiert mich gar nicht", sagt Arnold Schlader in seiner Bescheidenheit und mit leuchtenden Augen lässt er „Gassenhauer", „Ausstellungsbesucher", „Denker vor dem Abflug", „Raupenschlepper", „Lackaffen", „Narrenwagen" und viele andere Karikaturen in seiner winzigen Werkstatt entstehen. Hier werden Charaktere in Ton geschaffen, denen jeder von uns auf seinem Lebensweg irgendwo einmal begegnet ist. Die Werke des Koslarers zeigen mit humorvollstem Verständnis für alle Schwächen des Alltäglichen, dass Kunst auf lustige Art unterhaltsam sein darf! Beeinflusst ist er sicherlich von Zeichnungen Hanels oder Grieshabers, die er leidenschaftlich sammelt. Auch über die gezeichnete Satire eines Paul Flora und Paul Weber gerät er ins Schwärmen. Seine eigenen Werke zeigen jedoch einen ganz individuellen und unverwechselbaren Charme, Witz und scharfsinnigste Beobachtungsgabe für alles allzu Menschliche.

Schladers Typen, liebevoll versehen mit Details und Attributen, sind in ihrer gemütlichen Behäbigkeit schrullige Individuen aus den kleinen Geschichten, die das Leben schreibt.

„Gott und die Welt" landen irgendwann im de Nickel-Schuppen, der für jedermann und immer offensteht, den niemand nur einmal aufsucht. Besucher unterschiedlichster Berufssparten gehen hier ein und aus. Markante Merkmale bleiben hängen und verwandeln sich in Keramik.

Der Kunsthistoriker wird ganz unglücklich, denn es handelt sich nicht um Leinwand oder Papier, nicht um Bronze, um keine Installation aus beliebigen Materialien, nicht mal um Glas, sondern um ....Keramik. Er fragt sich schon: womit haben wir es hier eigentlich zu tun? Könnte es mehr sein als Gebrauchskeramik? Eine große Portion Humor ist festzustellen, also muss es Karikatur sein. Dann ist es gar kein Ernst. Darf man das überhaupt Kunst nennen? Die Frage hat auch schon Max Traxler gestellt in seiner Besprechung über die gezeichnete Karikatur des 20. Jahrhunderts im Zuge der Gründung des Karikaturenmuseums in Krems/Österreich 2001.[1])

Auf der Suche nach Inspirationen und Einflüssen stößt der Forschende nun auf oben genannte Karikaturisten unserer Zeit, aber: alle zeichnen! Da muss es doch irgendwo Spuren zu Keramikern geben. Nach unaufhörlichem Fragen: „Arno, sag' mir:

---

[1]) Alles Karikatur. Das gezeichnete 20. Jahrhundert. Krems, 2001

hat Dich irgendwo, irgendwann ein Keramiker beeindruckt?", wird der Forscherdrang befriedigt, als er Margit Kovács nennt. Die Bildhauerin (1902-77) gehörte zu den führenden Persönlichkeiten der modernen ungarischen Keramik und zu den Erneuerern der handgeformten Keramik des 20. Jahrhunderts. Schlader hatte in den 70ern eine Ausstellung der Künstlerin in Budapest gesehen. Archaische Formen, die Reduziertheit des Mittelalters und die Erzählfreude der Volkskunst sind auch Kennzeichen der kunstgewerblichen Arbeiten Kovács'.

Den Zauber dieser kaum farbigen, überwiegend naturbelassenen Werke hat er nicht vergessen. Die Thematik und die Charakteristik der Schlader'schen Arbeiten sind freilich nicht mit Kovács zu vergleichen. Frank Günter Zehnder nennt es treffend „Realsatire (‚die) in Wirklichkeit bei uns an(setzt)".[2]

Christine Haße ist Volontärin am Deutschen Glasmalerei-Museum Linnich, angehende Kunsthistorikerin und viel beschäftigt mit Besuchergruppen. Ihr spontaner Kommentar zu Schladers „Ausstellungsbesucher" war: „Herrlich. Er sieht so aus wie: ‚Wir glauben das, was uns erzählt wird und denken nicht weiter drüber nach.'"

Und Schlader: „Früher hab' ich die Augen nur durch einen Kreis gekennzeichnet. Das war zu einfach. Die aufgesetzten Knopf-Augen sind viel ausdrucksstärker. Der Blick der Figur wirkt naiver dadurch."

Auf der unermüdlichen Suche nach menschlichen Verhaltensweisen fand Schlader in Adolph Freiherr von Knigge und dessen Werk „Über den Umgang mit Menschen" eine unerschöpfliche Inspirationsquelle. Knigges Beschreibungen regten ihn zu so mancher Figur an. Schlader besitzt eine Ausgabe dieses Klassikers mit Illustrationen von Paul Weber. Auch das Buch „Sancho Pansa, Chauffeur bei Don Quichote. Wie Hap Grieshaber in den Bauernkrieg zog" las er nicht ohne eine Keramik zum Thema zu machen.

Reifer Harfespieler

Dass die Plastiken nicht so harmlos sind, wie sie unter der Tarnkappe der Naivität erscheinen, zeigen bei näherer Betrachtung nicht nur die Werke „Europa wohin?" und „Europa im Sturz". Doch nie ist die Satire so schwarz wie die Anregungen.

Die seit 22 Jahren im Team existierende Institution „de Nickel-Schuppen" in Jülich-Koslar ist nicht nur offene Keramik-Werkstatt, Forum für Kunstausstellungen, Treffpunkt für geselliges Zusammensein, sondern ein Ort, an dem Leben und kreatives, handwerkliches Arbeiten zur Daseinsphilosophie geworden ist. Der „Schuppen", wie er liebevoll genannt wird, ist nicht mit einer her-

[2] siehe Text in diesem Katalog

kömmlichen Galerie zu vergleichen. Diese Einrichtung ist unter vielen Gesichtspunkten zu betrachten.

Hier erleben regelmäßig Kindergruppen (kostenfrei) in mehrtägigen Workshops den Umgang mit dem Werkstoff Ton und entdecken ihre Fähigkeiten. Arno Schlader gibt den Kindern damit ein Stück Erziehung und prägendes Erlebnis, denn es bleibt nicht nur beim Workshop. Die entstandenen Werke sind von so hoher Qualität, dass er mit den Kindern ausgeschriebene Wettbewerbe auf Landes- und sogar Bundesebene schon mehrmals gewinnen konnte, was natürlich mit beträchtlichem Zeit- und Kostenaufwand verbunden ist.

Er erzählt mit größter Begeisterung von den Arbeiten der Kinder und man stellt schnell fest, dass es nicht um das Erringen eines Preises geht, sondern um das Tun an sich. Dass bei einer solchen Identifikation mit der Sache nur das Beste zustande kommt, ist ganz natürlich.

Der „Ausstellungmacher" Schlader schafft es immer wieder, auch überregional bekannte Künstler von hohem Rang in die Region zu bringen, wie z. B. Otmar Alt, Walter Hanel oder Hans Ticha. Seinem hohen Maß an Einsatz ist es zu verdanken, dass es nicht bei nur einer Ausstellung bleibt.

In vielfältigster Weise ergeben sich durch diese fruchtbare Zusammenarbeit weitere Projekte mit Kunstvereinen, Museen und auch mit der Schule.

Das Kinderbuch „Lisas fantastische Reisen zu den Kindern dieser Welt" wurde von den Kollegen Peter Holtz und Arnold Schlader initiiert, von Schülern geschrieben und gestaltet. Die Titelfigur entwarf Otmar Alt. Auch hier ergab sich die Weiterführung des Projektes durch die Umsetzung der Bilder in Glasmalerei und die Präsentation im Deutschen-Glasmalerei-Museum Linnich.

Mit seinem Können als Keramiker inspiriert er andere Künstler und regt sie zu Entwürfen für diesen Werkstoff an. Die Ausführung übernimmt er selbst. So hat sich im Laufe der Jahre eine enge Zusammenarbeit mit Otmar Alt entwickelt. Auch Herb Schiffer lässt seine Keramiken von Schlader ausführen.

Schlader setzt seine eigene Arbeitskraft ein, immer mit der Prämisse, das kleine Stück Welt um uns herum damit ein wenig besser und schöner zu machen. Mit seiner Herzlichkeit, Gastfreundschaft, seinem fachlichen Können und seinem persönlichen zeitlichen wie finanziellen Einsatz ist er einer der kulturellen Eckpfeiler des Kreises Düren.

Iris Nestler
Nörvenich, den 4. 3. 2003

Der Hofstaat und andere Unzulänglichkeiten

Die Keramiken

Paar, 1990

Erwartung, 1990

Kardinal (mit Mutter Kirche), 1990

Der Narrenwagen, 1995

Arche 2000, 1996

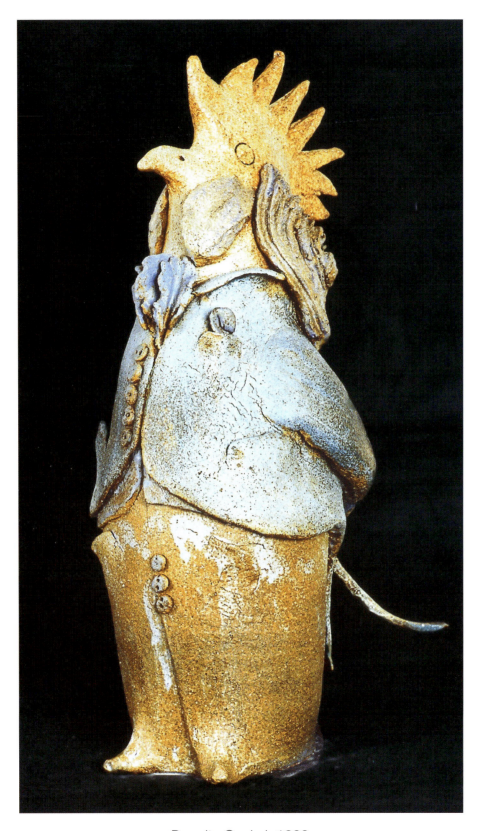

Der alte Gockel, 1993

Anwalt, 1995

Alles in bester Ordnung

»Die Welt sich verrennt,
der Stier mit der Europa durchbrennt
und zur Unité sich eh keiner bekennt.
Wo der König in der Zwickmühle,
im politischen Gewühle,
dort nur der Narr die Wahrheit benennt.

Er sucht den schwarzen Humor,
den die Commedia beschwor
und den der Hofstaat verlor?
Seine Eminenz blickt mit Wonne
in die strahlende Sonne
und hört hin, nur mit einem Ohr.«

(Iris Nestler, 2003)

Diplomaten, 1995

Europa, wohin?, 1995

Europa im Sturz, 1995

Weltenbummler, 1996

Der Bucklige, 1996

Später 68er, 1997

Geier, 1997

»Laß sie doch!
Wenn keine Narren auf der Welt wären,
was wäre die Welt?«

(Goethe in Lenz, Pandaemonium germanicum I.3)

Don Quichote und Sancho Pansa, 1997

Die Stütze, 1998

Schwangerenkonfliktberatung, 1998

Junge Kirche, 2000

Des Königs offenes Ohr I, 2000

Der Fuchspelz, 2000

Tanztee, 2001

Der Rohköstler, 2000

Der Photograph, 2001

Poseidon, 2001

Der Narr, 2002

Meteorologe, 2002

An der goldenen Leine, 2002

Ausstellungsbesucher, 2002

Brotlose Berufe: Gassenhauer, 2002

Lüstling, 2002

Denker in Gedanken, 2002

Der Arzt, 2002

Anwalt, 2002

Der Trommler, 2002

Der Korse auf Elba, 2002

Brotlose Berufe: Der Raupenschlepper, 2002

Kampfhähne, 2002

Bankertreff, 2002

Treffen der Heiligkeiten, 2002

Philosoph, 2002

Dichterdenkmal, 2002

Kurz vor dem Abflug, 2002

Beflügelt, 2002

Rabenvater, 2001

Rabenmutter, 2001

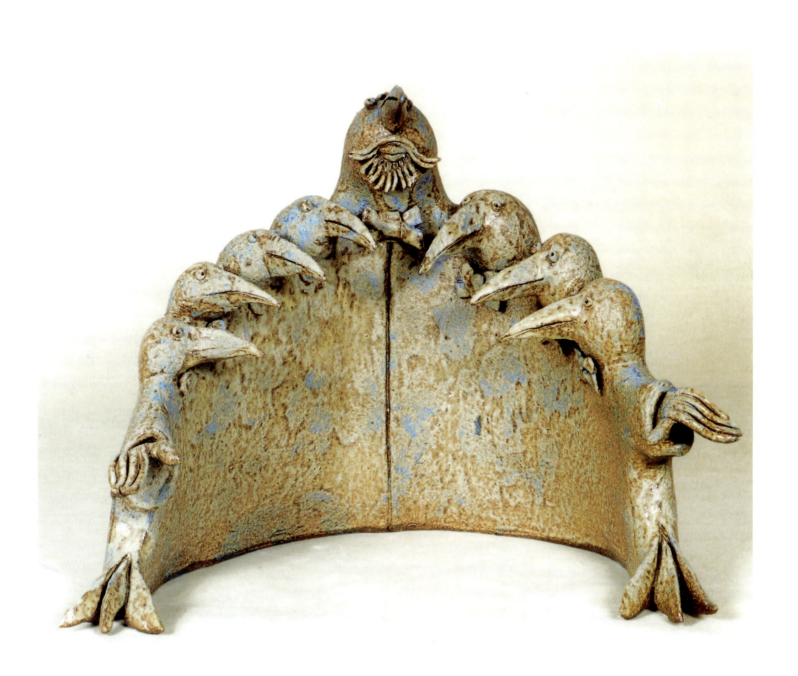

Rabenvater mit Kindern, 2003

Ordensträger, 2003

Maria Walewska, ihren Schatz umarmend, 2003

Der Hahn und seine Katze, 2003

Vogelfütterung, 2003

Ekhards Traum, 2003

Denker mit Muse, 2003

Wann treffen wir drei wieder zusammen?, 2002

„Hexentreff", 2003

Venedig, 2002

Biografie

Arnold Schlader, de Nickel-Schuppen, 52428 Jülich-Koslar

Arno Schlader

1944	13. Mai, geboren in Jülich
1965	Abitur in Haus Overbach, Jülich
1965-68	Studium der Pädagogik an der Technischen Hochschule in Aachen
1975-81	erweiterndes Studium bei Professor Benno Werth in Aachen, zeichnerische Auseinandersetzung mit dem Thema Natur und Akt sowie plastisches Gestalten in Ton
1979-80	Zusätzliche Meisterkurse im Bereich Drehtechnik in Düsseldorf
1980	Aufbau eines eignen Ateliers und die Gründung der Galerie „de Nickel-Schuppen"
seit 1980	neben der pädagogischen Aufgabe als freischaffender Keramiker tätig
seit 1997	enge künstlerische Zusammenarbeit mit Otmar Alt

Auszeichnungen und Aktivitäten mit seinen Schülern – Auswahl
Wettbewerbe

1994	Dritter Platz des Internationalen Jugendwettbewerbes der Volks- und Raiffeisenbanken auf Bundesebene
1996	Erster und zweiter Platz des Internationalen Jugendwettbewerbes der Volks- und Raiffeisenbanken auf Bundesebene; Wettbewerb der Telekom „Bilder dieser Welt", Bundessonderpreis
1998	Bürgerpreis der Stadt Linnich
2000	Landessieger des 30. Internationalen Jugendwettbewerbes der Volks- und Raiffeisenbanken; Bundessieger des Wettbewerbes „Hello Tomorrow" der Telekom
2002/2003	Gestaltung des Telefonbuches des Jülich/Erkelenz/Heinsberger Raumes, Euskirchen; Teilnahme an derzeitig laufenden Wettbewerben

Weitere Aktivitäten

Gestaltung des Foyers im Berufsinfozentrum Düren (1999)
Workshop eine Woche lang im Brückenkopf-Park Jülich mit anschließender Präsentation.
Schöpfungsgeschichte: Gestaltung des Foyers im Leo-Martine-Haus Jülich, Projektwoche im „de Nickel-Schuppen"

Ausstellungen

1978, 1980	Biennale „Koslar Kreativ Aktiv"
1980–2003	Jahresausstellung in der Galerie „de Nickel Schuppen" Keramische Objekte, figürliche Plastiken und Reliefs
1992	Krankenhaus Grevenbroich
1993	Goldschmiede Förster Aachen
1994	Polizeipräsidium Düsseldorf
1995	Keramische Wandgestaltung „Sintflut 2000", Pathologisches Institut Düsseldorf-Gerresheim
1996	Technologiezentrum Jülich
	Kreissparkasse Düren, Beteiligung „Künstler des Kreises Düren"
	Leopold-Hoesch-Museum Düren, Beteiligung „Künstler des Kreises Düren"
	erster Preisträger des Wettbewerbes Kreis-Dürener Künstler
1998	Kunstverein Jülich
1999	Malteser Krankenhaus Jülich
	Rathaus Inden-Altdorf
	Rathaus Jülich
2000	Kulturzentrum Talbahnhof Eschweiler
2001	Eschweiler Kunstverein
	Akademie Bad Reichenhall
2002	Zitadelle Jülich
2003	Kreishaus Düren

Literatur

„7 Jülicher Künstler",
Hrsg: Künstlerinitiative „Wochenende der offenen Ateliers"
Jülich 1995

„Künstler im Kreis Düren"
Hrsg.: Kultur- und Naturstiftung der Sparkasse Düren
Düren 1996

Dokumentation 20 Jahre Kunstverein Jülich. Jülich 1998

Dokumentation zum 20-jährigen Bestehen des
„de Nickel-Schuppen" 1980-2000, Jülich 2000